Parejas Tántricas

Usando sabiduría antigua
para crear una relación con
sexo, amor y romance
a plenitud

Catherine Auman, LMFT

Terapeuta Licenciada en
Familia y Relaciones

Green Tara Press

Green Tara Press

Los Ángeles, CA

www.greentarapress.com

"Lo primero que puedes hacer para mejorar tus relaciones" y "El camino mas rápido al sexo tántrico" se publicaron previamente en el libro "Camino corto a la conciencia: 100 maneras de crecer personal y espiritualmente" de Catherine Auman.

© 2022 Catherine Auman
Derechos Reservados.

Auman, Catherine I.
Parejas Tántricas: Usando sabiduría antigua para crear una relación con sexo, amor y romance a plenitud
1. Autoayuda 2. Citas 3. Espiritual

ISBN: 978-1-945085-42-0 Tapa blanda

ISBN: 978-1-945085-43-7 Libro electrónico

Foto del autor por Charity Burnett
Foto de Sobre el Autor por Stephanie Westfall
Arte de la portada por Katrina Pacheco
Diseño de portada e interior del libro por Lilly Penhall
Traducido al español por Denise Lèbre y revisado por Lori Celaya PhD

LOAS PARA CATHERINE AUMAN

"Para aquellos lectores, hombres y mujeres, que deseen enriquecer sus vidas amorosas, investigar y tomar en consideración los sabios consejos de Catherine podría ser la respuesta y el camino que están buscando".

— Osho Times, revista internacional en línea

"Durante muchos años se han escrito libros sobre cómo ser astuto, cauteloso o falso en el mundo de las citas siguiendo "las reglas". Gracias a Dios que Catherine Auman nos da una distinta y mejor explicación. Este es un libro para personas que quieren que la integridad, la autenticidad y la conexión genuina sucedan de verdad. Es un enfoque muy necesario que se siente nuevo y atemporal".

— Leonard Felder, PhD,
autor de Pertenecer está Sobrevalorado

"Amo este libro. Gracias, Catherine Auman. Si no ha leído o no sabe nada sobre el enfoque tántrico de las citas, consulte este libro y considere asistir a uno de los talleres de Catherine, una forma realmente distinta de ver las cosas".

— Carina Eriksson, casamentera profesional

"El libro Citas Tántricas ofrece una claridad y una visión muy necesarias del mundo de la sexualidad sagrada y del controversial o a veces mal interpretado término "tantra". La autora es auténtica y enseña que el amor siempre está disponible y que cambiando nuestra percepción es la mejor manera para comenzar".

— Corey Folsom, Coach de Sexo y Relaciones

"Cuando se trata de aprender sobre citas, confiaría completamente en Catherine Auman y apreciaría su perspectiva".

— Vince Kelvin, Líder de Seminarios y Entrenador

CONTENIDO

Introducción 9

MENTALIDAD DE PAREJAS TÁNTRICAS .. 15

Se crean las almas gemelas, se crea el romance . 17

Expectativas convencionales 21

El trabajo que haces por tu cuenta 25

La amistad es un requisito para el sexo tántrico 29

La seguridad es la raíz de todo 33

Creación de almas gemelas y los centros 37

Los centros de las almas gemelas están

alineados 41

El orgasmo no es lo que piensas 45

Sexualidad sagrada 49

El sexo es una conversación 53

Sexo psicodélico 57

Creando magia 61

Construyendo y manteniendo el estatus de alma gemela. 67

Una luna de miel perpetua 71

Dedicados al crecimiento personal y espiritual . 75

EJERCICIOS DE PAREJAS TÁNTRICAS 79

EJERCICIO #1: Desafiando la mentalidad convencional 81

EJERCICIO #2: ¿Eres material de alma gemela? 85

EJERCICIO #3: Lo primero que puedes hacer para mejorar tus relaciones 89

EJERCICIO #4: Eleva tu frecuencia trabajando en tus centros 91

EJERCICIO #5: Meditación del corazón de Atisha 93

EJERCICIO #6: La ruta más rápida hacia el sexo tántrico.................95

Reconocimientos 99

Sobre la autora 101

Conéctate con Catherine Auman 103

La serie maestra de Tantra..................105

Obras de Catherine Auman 107

INTRODUCCIÓN

Cuando conocí a mi Amado Perfecto, todo parecía y se sentía mágico. Los dos habíamos estado asistiendo a un taller de tantra que enseñaba técnicas de masaje y después de algunas sesiones, me pidió que practicáramos juntos. Lo que continuó, nos gusta decir, que fue "amor al primer toque". Después de un par de meses saliendo, decidimos ser exclusivos, y después de dos años, nos casamos. Los dos siempre decimos: "No sabía qué podría ser tan bueno".

Fue muy mágico cuando nos conocimos porque eso es lo que nos han hecho creer en las películas, los cuentos de hadas, las princesas de Disney y los superhéroes. Parecía y se sentía mágico porque cuando nos conocimos, ambos experimentamos algo más allá de lo que habíamos sentido antes. Nuestro encuentro incluso parecía algo divino. Y, sin embargo, no fue mágico porque lo creamos, nos preparamos haciendo el trabajo interno y externo al que ambos nos habíamos dedicado durante mucho tiempo.

Los dos habíamos estado en caminos de crecimiento personal y espiritual durante décadas. Ambos habíamos recibido años de terapia y entrenamiento para sanar nuestros traumas infantiles. Greg había recibido ayuda a través de utilizar psicodélicos con fines curativos. Yo había estado estudiando tantra tanto individualmente como en grupos la mayor parte de mi vida adulta. Para ambos, nuestro crecimiento personal y espiritual era lo más importante en nuestras vidas, y de esta manera, nuestras frecuencias coincidían perfectamente.

Osho, el gran maestro del tantra, alguna vez dijo: "El Tantra es la ciencia de transformar a los amantes ordinarios en almas gemelas. Y esa es la grandeza del Tantra. Puede transformar toda la tierra; puede transformar a cada pareja en almas gemelas". Me encanta esta cita porque nos hace comprender que hay algo que podemos hacer, que el amor no es un accidente o cuestión de suerte, sino que al aprender y practicar los principios tántricos, cualquier persona que estudie cuestiones del amor seriamente puede crear una relación de alma gemela como la que tenemos Greg y yo.

Cuando los dos están dedicados al camino del crecimiento personal y espiritual, cuando se sienten seguros para hablar de todo, cuando el sexo es asombroso y exquisito cada vez, cuando simplemente les encanta pasar el rato juntos como amigos, ¿no es eso lo que todos estamos buscando? En este libro y en los demás de la serie, muestro cómo atraer y saborear una relación de este calibre.

Hay dos partes en *Parejas Tántricas*: la parte en la que trabajas en ti mismo antes de conocer a tu pareja y continúa después de encontrarla, y el trabajo que haces como pareja. Mucho de lo que puedes hacer solo se enseña en mi libro *Citas Tántricas: Encontrando amor y conciencia en el proceso de las citas*, que se trata de convertirte en una persona más amorosa. Tuve que trabajar mucho en mí misma para atraer el amor, porque como la persona medio amorosa que descubrí que era, solo podía atraer parejas medio amorosas. Quería mucho más que eso y estaba dispuesta a trabajar por ello.

Parejas Tántricas: Usando sabiduría antigua para crear una relación con sexo, amor y romance a plenitud continúa la enseñanza sobre cómo convertirse en la mitad de una pareja perfecta, ya sea soltero o en pareja. El crecimiento personal y espiritual siempre continúa, y las personas que viven plenamente participan en el proceso hasta su último aliento. No creo que alguna vez lleguemos al punto de ser tan amorosos como podríamos ser, pero si esa meta es posible vale la pena perseguirla.

Luego está la parte que hacen juntos. Cuando Greg y yo nos enamoramos, tuvimos que decidir qué tipo de relación queríamos crear como pareja.

Ambos habíamos estado en relaciones en el pasado que fueron dolorosas y no queríamos repetir los mismos errores.

También tuvimos que confrontar la información errónea de la cultura dominante. Descubrimos que nuestra intimidad y vida sexual no disminuía por nuestro estatus de mejores amigos, sino que aumentaba.

Descubrimos que el sexo, cuando no hay resentimientos persistentes entre nosotros como pareja, va mucho más allá de las expectativas convencionales. Como el espacio entre nosotros estaba completamente despejado, porque habíamos trabajado en nosotros mismos y no teníamos resentimientos, ya que hacíamos ejercicio y nos manteníamos sanos y relajados, a pesar de ya estar en una edad en la que se supone que el sexo esta yendo cuesta abajo, nosotros nos encontrábamos más sensuales y sexualmente satisfechos que nunca. Fue impactante y sorprendente que el sexo pudiera ser tan bueno, incluso "psicodélico". Nada de lo que habíamos escuchado antes nos llevó a esperar esto.

En *Citas Tántricas* se explican los secretos de por qué no has encontrado el amor y cómo encontrarlo. El tercer libro de la serie, *Relaciones Tántricas*, trata sobre cómo puedes comunicarte tanto verbalmente como de forma no verbal para mantener encendido el fuego del amor. En este libro, *Parejas Tántricas*, aprenderás como estar en pareja y crear una relación de alma gemela perfecta. Descubrirás cómo se crean las almas gemelas y que no llegan por arte de magia, cómo los consejos convencionales nos han desviado del camino, qué tipo de trabajo debes hacer contigo mismo, que el sexo tántrico realmente es tan bueno como dicen, y cómo vivir en una luna de miel perpetua.

Así que, quiero enseñarte mi método de *Parejas Tántricas* que creó la relación de alma gemela que había soñado desde la infancia, después de encontrar a mi Amado Perfecto usando mi método de *Citas Tántricas*. Este libro puede cambiar tu vida, tu amor y la de tu pareja, si ellos están dispuestos. Debes estar disponible para escuchar la verdad que está fuera del mundo de los consejos convencionales, porque no es ahí donde reside la verdad. Depende de ti crear la relación de alma gemela de tus sueños. Está a tu alcance, si te propones llegar mas lejos. Cuando te conviertes en la persona amorosa que realmente eres, el amor está siempre presente.

MENTALIDAD DE PAREJAS TÁNTRICAS

Se crean las almas gemelas, se crea el romance

Millones se sientan a esperar pasivamente un amor que nunca llega. Tanto hombres como mujeres yacen como la Bella Durmiente, esperando que los besen para despertar. Soñamos con un amor que nos haga vibrar, que nos eleve a un nivel mas allá, tal como lo muestran las películas, los libros, las canciones y los cuentos de hadas. Llegará el esperado amante por obra de magia, el Amado Perfecto, que por fin nos va a completar.

Nos han enseñado a esperar pasivamente y a centrarnos en el exterior. Anteriormente las mujeres, pero ahora un número igual de hombres ya que las redes sociales han cambiado el juego, pasan horas ansiosos preocupándose por su apariencia y haciendo todo lo posible para mejorarla. Antes los hombres, pero ahora también las mujeres, se enfocan en el dinero que necesitan para ser dignos de ser amados: ropa, autos, maquillaje, procedimientos cosméticos. Vamos al gimnasio, mejoramos nuestra nutrición, aprendemos habilidades sexuales en línea, para tener encuentros casuales y adoptamos actitudes raperas mientras esperamos.

El comienzo de la mayoría de las relaciones trae consigo la promesa de que el romance soñado finalmente ha llegado. La infatuación desciende y por un tiempo, de tres meses a dos años, estamos en trance. Si tenemos la suerte de estar en una relación que dura tanto tiempo, a menudo no sabemos cómo mantenerla, así que seguimos adelante, con la esperanza de encontrar por obra de magia el sueño con otra persona. Es bien sabido que la tasa de relaciones que se rompen es de mas del 50 por ciento y eso ocasiona muchos corazones rotos.

Mucha gente se siente sin esperanza. Sé que ciertamente yo me sentí así antes de encontrar la formula. Por lo general, las preguntas que se hacen son: "¿Dónde puedo conocer hombres/mujeres? ¿Dónde está él/ella? Esperamos estar en el lugar correcto en el momento correcto donde nos encontraremos (sin ningún esfuerzo de nuestra parte) y nos enamoraremos mutuamente a primera vista, lo que Hollywood llama el "amor a primera vista". Hemos visto esta situación en numerosas comedias románticas: los futuros amantes ni siquiera se gustan al principio, de hecho, ni si quiera se caen bien, pero como todo el tiempo estuvo predestinado que acabarían juntos, se enamoran y viven felices por el resto de sus vidas.

El problema con estos escenarios y el sentarse a esperar es que el amor no es pasivo en lo absoluto. Nunca encontrarás el amor que tu corazón anhela a menos que estés dispuesto a trabajar por él. El amor y el romance son algo que creamos, ningún artista de ninguna forma de arte espera lograr una obra maestra sin poner el esfuerzo, la disciplina, el trabajo, los errores, el aprender de ellos y mejorar constantemente. Es lo que se necesita para ser bueno en cualquier cosa. Nadie llega una noche a cantar en el Hollywood Bowl sentándose y deseando que suceda. Nadie ha tenido éxito en su carrera esperando un "lindo encuentro".

El hecho es que si quieres el sexo, el amor y el romance que siempre has soñado, tendrás que ser tú quien lo cree. No viene del cielo. Tendrás que hacer que suceda. La pregunta correcta es: "¿Qué necesito hacer para atraer y crear mi amor perfecto?"

Expectativas convencionales

Cuando Greg y yo decidimos casarnos, elegimos una linda capilla en el centro. Estábamos planeando una gran fiesta más adelante durante el año para amigos y familiares, pero por ahora no queríamos esperar para comprometer nuestra unión. Nos arreglamos, llegamos a la hora acordada y la primera orden del día fue completar el papeleo. La mujer a cargo, que también resultó ser la persona que nos casaría, a los pocos minutos le hizo una pregunta a Greg, a lo que él respondió: "Sí". Para nuestra sorpresa, ella respondió: "Ahora que se va a casar, así será de ahora en adelante: 'Sí, señora. No, señora'". Pensamos que tal vez estaba bromeando, pero por la expresión de su rostro, parecía que hablaba en serio y así continuo todo el tiempo que estuvimos allí. En cierto momento, la mujer señaló que una vez que estuviésemos casados, "Ella sera la jefa". Durante nuestra ceremonia, se dio cuenta de que yo no tenía flores y reprendió a Greg por no haberme dado flores, dándole una pequeña conferencia sobre "Tienes que comprarle rosas, y no solo el Día de San Valentín"....

Ninguna de estas ideas convencionales se aplica a nosotros en lo absoluto. Greg sabe que si quiero flores, las compraré. Expresa sus sentimientos románticos con frecuencia de una manera que se adapta a nosotros, y ninguno de los dos es "el jefe". Fue realmente extraño que estas expectativas convencionales sobre el amor y el matrimonio aparecieran en un momento tan tierno que se suponía que era sobre nosotros.

Casi al mismo tiempo, estábamos re-modelando nuestra casa, y Greg estaba supervisando a los trabajadores. No suelo preocuparme demasiado por los detalles de la casa, salvo ciertas cosas. Greg le señaló al chico que estaba poniendo el mosaico que había colocado mal una pieza y él respondió: "Oh, a ella no le va a gustar eso". Greg le explicó que realmente yo no me fijo en cosas como esa pero que igual se debían instalar bien. Al día siguiente, cuando el personal de mantenimiento se presentó a trabajar, lo primero que le dijo a Greg fue: "¿Estaba enojada la señora por los mosaicos? ¿Te metiste en problemas? Ya sabes cómo son las mujeres. ¿De dónde viene todo esto? Expectativas convencionales. Para muchas personas, ésta es la historia que traen en la cabeza cuando interactúan.

Si enciendes la televisión durante unas horas, hay mensajes e imágenes constantes sobre todo tipo de ideas que pueden o no ser ciertas. Hay chistes e historias sobre la supuesta "guerra" entre hombres y mujeres. Constantemente nos dicen que los hombres son unos vagos desconsiderados que solo quieren sexo, no intimidad ni afecto, que las mujeres rara vez quieren sexo; hay que dejarlas en paz.

Básicamente tu vida termina una vez que estás en una relación comprometida, y si te casas, no querrán volver a verse y lo único que harán será pelear. Todos estos mensajes e imágenes crean una mentalidad y un comportamiento que han sido normalizados por la cultura dominante tanto que a menudo pensamos que son ciertos sin siquiera cuestionarlos.

Una de las primeras cosas que queremos hacer es identificar cuáles son las expectativas convencionales sobre el sexo, el amor y el romance que hemos adoptado de la cultura dominante y que pueden no ser ciertas y desafiarlas.

El trabajo que haces por tu cuenta

Ya sea que estés soltero o en pareja, deberás trabajar en ti mismo para crear la Pareja Tántrica que deseas, pero no de la forma en que piensas. Nos han sugestionado con cosas como: se trata de mejorar nuestra apariencia, o vernos más jóvenes o delgados, o tener más cosas, pero no es así como encuentras o creas el amor. El amor es una cuestión de frecuencia, y cuan mayor sea la tuya, mayor será la frecuencia de la relación que podrás atraer y crear.

Se puede pensar en formas de elevar nuestra frecuencia de manera holística en diferentes áreas: física, emocional, financiera y espiritual. Físicamente, querrás un cuerpo que esté en forma y vital para hacer el amor, salir a caminar juntos, dar y recibir masajes y disfrutar de las actividades de la vida diaria hasta mucho después de la edad en que la mayoría de las personas se dan por viejas. Eso significa que tendrás que limpiar tu alimentación y hacer ejercicio. Si esperas algo mejor que los resultados promedio, tendrás que prestar más atención que el promedio.

Entonces debemos considerar cómo te sientes acerca de tu cuerpo. No podrás tener buen sexo si no has aprendido a amar tu propia forma y haber descartado cualquier tontería de la cultura de que los cuerpos no son hermosos como son.

Deja de seguir las redes sociales que promueven la vergüenza corporal, la discriminación por edad y el materialismo; en cambio, elige seguir a aquellos que promueven valores amorosos.

Elevar la frecuencia de nuestra vida emocional implica lidiar con cualquier drama del pasado, así que empieza a limpiarlo. Si tuviste una infancia difícil y, por lo tanto, relaciones difíciles después, lo más probable es que te beneficies de la terapia.

Aquí hay algunas preguntas que debes formularte para evaluar tu madurez emocional: ¿Eres un adulto independiente, o co-dependiente? ¿Eres capaz de calmar tus propios sentimientos de soledad, miedo, duda, inseguridad?

¿Eres emocionalmente reactivo, es decir, cuando te enojas, gritas, rompes cosas, haces corajes? ¿Eres irrespetuoso con los demás? Si no quieres atraer este tipo de cosas a tu vida amorosa, es mejor que te asegures de eliminarlas de ti mismo.

¿Eres financieramente estable? No es necesario ser rico o tener mucho dinero, pero es importante poder pagar tus cuentas y vivir sin o casi sin deudas. Si no estás cubriendo lo básico y no has guardado nada para un día lluvioso, se manifestará esto en sentimientos de inseguridad y baja auto-estima. Para atraer un amor estable, asegúrate de que tu propia vida sea estable.

Si buscas a alguien que esté listo para comprometerse por completo, pregúntate si te has comprometido por completo con tu carrera, una mascota y tu propia vida en general. Si no estás seguro, si estás en constante cambio o estás esperando encontrar una pareja antes de tomar decisiones importantes, atraerás a una persona que no estará segura de si está soltero o en pareja.

Lo mejor que puedes hacer para atraer y mantener el amor es asegurarte de ser una persona amorosa. Si eres una persona medio amorosa, atraerás a una persona que ama solo a medias. Pregúntate: "¿Soy material de alma gemela?" y si hay áreas enumeradas anteriormente que necesitan atención, trabaja en ellas hasta que la respuesta sea afirmativa. No necesitas ser perfecto, pero si sueñas con el amor perfecto, o como lo llamamos Pareja Tántrica, recuerda que tú eres la mitad de esa ecuación.

La amistad es un requisito para el sexo tántrico

A menudo se escucha que "la zona de amigos" es el callejón sin salida de una posibilidad romántica y ciertamente no es donde encontrarás buen sexo. Eso puede ser cierto si lo que estás buscando es un fin de semana salvaje con una figura de fantasía, que a menudo incluye, si haz caído en sueños convencionales, el delicioso dolor de ser rechazado después. Si este tipo de comienzo fantástico alguna vez "funciona", siempre te estarás preguntando si tu pareja realmente te ama o si es una relación basada en las apariencias porque no han establecido una confianza verdadera.

El Dr. John Gottman, psicólogo en Seattle y el gran gurú de las relaciones, durante décadas ha estado realizando investigaciones en su "Laboratorio del amor" sobre lo que hace que las relaciones funcionen. Tuvo en observación por medio de electrodos a parejas mientras se llevaban bien, mientras discutían, o se divertían.

Su esposa, la Dra. Judy Gottman, que trabaja como psicoterapeuta, puso en práctica los resultados de su investigación con sus clientes, y juntos desarrollaron capacitaciones para terapeutas y escribieron libros de gran éxito en las ventas.

Uno de los hallazgos más asombrosos de los Gottman es que el 69 por ciento de las personas en parejas exitosas califican la amistad como el elemento más importante. Cuando escuché esto por primera vez, me quedé atónita. Me habían lavado el cerebro para creer que los hombres clasificarían el sexo como lo más importante, pero la mayoría no lo hace.

Si la amistad es el componente más importante de una relación exitosa, ¿por qué no lo hemos enfatizado? ¿Alentado? ¿Ayudar a la gente a mejorarlo? ¿Por qué se les dice a los solteros que eviten estar "en la zona de amigos" a toda costa? Alguien que es nuestro mejor amigo es exactamente lo que deberíamos estar buscando y la amistad es lo que deberíamos hacer crecer en nuestras relaciones.

Si quieres estar realmente relajado en la cama, si quieres sentirte libre para ser creativo, si quieres saber que no te avergonzarán, que tus buenas cualidades serán apreciadas y no ignoradas, si quieres acurrucarte y abrazarte y no ser juzgado por tu rendimiento, y para saber con absoluta certeza que tu amante no te dejará si aumentas cinco kilos, deberás cultivar la cualidad de ser el mejor amigo tu amante.

Para relajarte lo suficiente en el misterio del sexo tántrico, y para que ocurra deberás generar una confianza total. Ambos necesitan saber y estar de acuerdo que cualquier cosa que suceda estará bien, que no están siendo juzgados sino más bien honrados y que todo lo que surja es bienvenido.

Esto se aplica también si estas soltero. Puedes ser amigable con una aventura de una noche, una relación a corto plazo o una larga. Esa cualidad de amistad viene de ti, preocupándote por compartir, honrar y divertirte. No un espectáculo de horror, doloroso con respiraciones agitadas de dos personas que se están utilizando para agrandar sus egos.

Osho dijo: "La amistad es más importante que el amor". En el año que viví en el ashram de Tantra, la amistad siempre fue lo primero. La amistad no disminuye la sexualidad; mejora la sexualidad.

Mucha gente dice no estar de acuerdo, pero cuando les pregunto: "¿Alguna vez has tenido sexo realmente íntimo?" invariablemente responden que no, no lo han tenido. Para un sexo tántrico realmente íntimo, que envuelve el alma y se centra en el corazón, la amistad es un requisito.

La seguridad es la raíz de todo

Las relaciones extraordinarias y el sexo fenomenal se basan en la seguridad. En el Tantra, decimos que esto proviene del chacra de raíz, en la base de la columna vertebral. Esta seguridad es la raíz del árbol de tu relación con los demás y con el mundo. Hay tres áreas a considerar: tu propia seguridad, la de tu pareja y la seguridad de la relación.

Primero, al considerar tu propia seguridad, ¿te sientes seguro en el mundo? Si tu niñez no fue un lugar seguro, puedes crecer sintiéndote inseguro. Si experimentaste abuso o agresión sexual, lo más probable es que no encuentres seguridad en el sexo. Es posible que te hayan enseñado a no confiar en hombres o mujeres o personas de género fluido. Para curar estos problemas, puede ser útil revisarlos en psicoterapia.

Es posible que no te sientas seguro si no gozas del mejor estado físico o tal vez temes envejecer y perder tu atractivo. (No perdemos nuestro atractivo con la edad a menos que así lo creamos, pero eso es para otro libro).

Otra faceta a considerar es nuestra propia seguridad, ¿eres seguro para otras personas? ¿Otras personas están seguras contigo? ¿Pueden estar seguros de que no los humillaras a sus espaldas? ¿Eres el tipo de persona que está ahí cuando se le necesita, o eres un amigo de fiesta? ¿Puede tu pareja confiar en ti para hablar su verdad? ¿Escondes algo que si tu pareja se enterara, se sentiría herida?

En segundo lugar, considera si tu pareja, o la persona que estás considerando como pareja, es una persona segura. Esto te puede tomar algún tiempo para deducirlo. Ciertamente, querrás asegurarte de que no sea física o sexualmente abusivo, pero tampoco abusivo emocionalmente, lo que significa que puedes confiar en que no se burlará de ti, ni te va a ridiculizar o avergonzarte, ni será demasiado sensible o reaccionario.

Construir una relación segura significa que cuando están juntos, pueden ser ustedes mismos. Significa que cuando estés listo para la intimidad, habrás creado un espacio seguro libre de interrupciones. Significa hacer acuerdos para que el otro sepa qué esperar y que los dos estén en la misma página.

Los nuevos amantes necesitan tomarse un tiempo para aprender a sentirse seguros el uno con el otro.

Sin embargo, incluso las parejas que han estado juntas durante veinticinco años pueden descubrir que no confían el uno en el otro en este momento. La confianza y la seguridad cambian con el tiempo, y su mantenimiento debe ser continuo.

En una relación anterior, no me sentía segura con mi pareja porque sospechaba que estaba coqueteando con otras mujeres por mensajes de texto y redes sociales. Por eso, al principio de mi relación con Greg decidí que no quería eso para nosotros. Le hice saber que no tenía nada que esconder, que no estaría coqueteando con nadie y que tenía acceso completo a mi teléfono o correo electrónico si quería verificar. También decidí informarle siempre que algún hombre que no sepa que estoy casada coqueteé conmigo. No es necesario, pero quiero que Greg se sienta absolutamente seguro y protegido.

Greg nunca me ha pedido ver mi teléfono o correo electrónico, no ha tenido que hacerlo y yo tampoco tengo que mirar el suyo. Esta es solo una de nuestras prácticas que ha establecido una seguridad total entre nosotros.

Se necesita sentir seguridad para podernos relajar completamente en la presencia de los demás. La relajación es la clave para la intimidad y el buen sexo.

Creación de almas gemelas y los centros

Osho dijo que la creación de almas gemelas tiene que ver con la alineación de los centros. Primero, veremos qué son los centros y luego, en el próximo capítulo, cómo alinearlos. Tantra usa la palabra "chakras", pero muchas personas se sienten incómodas con los términos sánscritos, por lo que usaremos la palabra "centros" en su lugar.

Hay siete centros en el cuerpo, ubicados a lo largo de la columna vertebral, comenzando del coxis hacia arriba. Estos centros no son entidades físicas, aunque parecen estar alineados con las glándulas del sistema endocrino. Personas de mayor visión y sabiduría los han visto cómo centros giratorios de energía. Cuando están girando libremente, cada centro de energía puede experimentarse como libre y desbloqueado. Cada persona difiere en el nivel de desarrollo de cada uno de sus centros, y en su nivel de desarrollo en comparación con los demás.

1) Anteriormente mencione que el primer centro energético la raíz o base tiene que ver con la seguridad, la seguridad requerida para todas las relaciones de confianza y para el sexo tántrico. El primer centro trata sobre la seguridad, la vitalidad y si nos sentimos bien por estar vivos. Una persona que se ha mudado mucho puede no sentirse segura y protegida, o alguien que ha experimentado un trauma puede tener dificultades para establecer un sentido de arraigo, conexión y compromiso con la vida.

2) El segundo centro se encuentra alrededor de los genitales y se trata de la sexualidad y las emociones. (¿Han notado que las emociones y el sexo a menudo están conectados?) Es casi imposible crecer en esta cultura y no tener problemas sin resolver sobre el sexo. La mayoría de las parejas difieren en cuanto a la frecuencia con la que desean tener relaciones sexuales, de qué tipo y las diferencias en las experiencias pasadas de cada persona.

3) El tercer centro reside en el vientre y tiene que ver con el poder, personal y de todo tipo. Una de las razones por las que tenemos problemas en nuestras relaciones es por la lucha sobre el poder. Me enseñaron en la Universidad al hacer mi posgrado que la etapa de lucha dura por los primeros veintitrés años de la relación. No sé si

eso sea cierto o no, ya que nunca he estado en una relación de tanto tiempo, pero sí sé que es posible evitar las luchas de poder si cada persona ha desarrollado su propio sentido de poder personal. Si observamos al mundo, hay muchas luchas de poder en todo el planeta.

4) Algunas personas piensan que el mundo en su totalidad está tratando de despertar en el cuarto centro, el centro del corazón. Realmente es notable la diferencia entre las personas cuyos centros del corazón están comenzando a abrirse, aquellos que viven con el corazón abierto, queriendo difundir el amor y aquellos que aún no han llegado allí. Todos tenemos un largo camino por recorrer para florecer completamente al amor.

5) El quinto centro está en la garganta y se trata de hablar nuestra verdad. La mayoría de nosotros tenemos grandes bloqueos en este centro por tratar de no decir nuestra verdad por miedo a ser malinterpretados o porque no va a ser políticamente correcto. Es posible que no hablemos porque sabemos que el mundo corporativo no quiere escuchar lo que tenemos que decir.

Muchos de nosotros venimos de fuera, así que hemos guardado silencio sobre nuestras creencias y opiniones. Muchos "expertos" en relaciones (no yo) enseñan que hay cosas que uno debe decir y otras que debe callar para que la gente se sienta atraída por ti. Todos hemos crecido con esa idea desde la escuela secundaria.

6) El sexto centro está en el medio de la frente entre las cejas, es donde se encuentra la verdadera visión, nuestra visión interna y filosófica. Como es raro que las relaciones se vean obstaculizadas por este y el próximo centro, no dedicaremos mucho tiempo a ellos.

7) El séptimo centro en la parte superior, la corona de nuestra cabeza se relaciona con nuestro sentido de espiritualidad y conexión con lo divino.

Tómate el tiempo ahora mismo para evaluar dónde te encuentras. Cuanto más trabajamos en nosotros mismos y en las áreas de nuestra vida que estos centros representan seremos más libres y tendremos más energía.

Cuanto más alto estés en tu desarrollo, mayor será la frecuencia de la pareja que atraerás y mayores serán tus posibilidades de crear la relación de alma gemela de tus sueños. ¿Dónde estás en el desarrollo de tus centros?

Los centros de las almas gemelas están alineados

En las relaciones de almas gemelas, los centros están alineados, lo que significa que el desarrollo de cada centro en una persona se refleja en el de la pareja. Idealmente, tendríamos un individuo con un florecimiento perfecto en cada centro encontrándose con otra persona perfecta, pero por supuesto eso nunca sucede. Cada uno de nosotros está más avanzado en un centro que en otro, y todos tenemos espacio para crecer. Lo que pueden hacer es trabajar individualmente en la evolución de sus propios centros, y cuando estén en una relación, trabajen juntos para fortalecerse y alinearse. Cuantas más áreas coincidan, más probable es que la relación tenga potencial de alma gemela.

Los problemas en las relaciones pueden describirse como desalineaciones en estos centros. Un ejemplo es que dos personas se encuentran y una tiene un centro del corazón más desarrollado y quiere una conexión del corazón, mientras que el centro sexual de la otra persona está desarrollado pero no su corazón. Otro ejemplo es que muchas parejas quedan atrapadas en centros de poder subdesarrollados y, por lo tanto, compiten y están tratando desesperadamente de ganar todo el tiempo, y descubren que no pueden decirse la verdad el uno al otro.

Los desequilibrios centrales pueden manifestarse de otras formas. Por ejemplo, muchas personas que se llaman espirituales están en lo que llamamos derivación espiritual. Sus centros superiores están abiertos: son muy espirituales, rezan y meditan, ayunan, se preocupan por mantener una dieta vegana pura, etc., pero no tienen trabajo o no son amables con los demás. Necesitan trabajar en madurar sus centros inferiores para así tener una buena base sólida y poder sostener una relación.

Lo primero que debes hacer es evaluar dónde te encuentras con el desarrollo de tus centros. La segunda es trabajar para potenciarlos, porque cuanto más avanzados estén los centros, más feliz serás y más cerca estarás de la creación del alma gemela.

Aquí hay algunas sugerencias:

1. Primer Centro (Seguridad): Despierta tu cuerpo y tu vitalidad, practica la Meditación Kundalini de Osho, embellece tu hogar, pregúntate frecuentemente, "¿Estoy en mi cuerpo? ¿Estoy a salvo? Toma medidas para establecer una segu-

ridad continua para ti y para los demás, sacude todo el cuerpo, marcha y luego plántate firme en tus pies.

2. Segundo Centro (Sexo y Emociones): Aprende habilidades sexuales, desde básicas hasta avanzadas, desprográmate del condicionamiento sexual convencional, elimina traumas pasados con un terapeuta, supera la vergüenza cultural, vive la vida sexualmente de manera positiva.

3. Tercer Centro (Poder): Asume el 100 por ciento de la responsabilidad por los resultados y tu vida, llega a un lugar donde puedas decir: "Mi vida funciona", y se financieramente estable.

4. Cuarto Centro (Corazón): Adopta una mascota, aprende a ser universalmente social, dona tiempo y/o dinero a una organización benéfica que te inspire, practica la bondad, repara cosas con tu familia.

5. Quinto Centro (Hablando con la Verdad): Aprende a hablar con autenticidad; únete a grupos donde se fomente y apoye el hablar de forma genuina, por ejemplo, grupos de Doce Pasos o terapia de grupo; haz acuerdos con tu pareja sobre cuánta verdad quieres compartir en la relación.

Comienza maximizando los primeros cinco centros. Sin el desarrollo de estas áreas, la relación no tendrá las piernas lo suficientemente fuertes para sostenerla. Después de eso, puedes concentrarte en expandir los centros superiores: la intuición, la visión verdadera y la espiritualidad.

El trabajo sobre tus centros se lleva a cabo tanto individualmente como en pareja. Si eres soltero, cuánto más se fortalezcan tus centros, mayor será la frecuencia de la pareja que atraerás. Y cuando estés en una relación, usa esta guía para elevar tu relación a la altura de las almas gemelas.

El orgasmo no es lo que piensas

El orgasmo no es lo que piensas. La cultura convencional nos ha lavado el cerebro para creer que el orgasmo es algo que no es. Este adoctrinamiento es tan generalizado que ni siquiera cuestionamos la noción de que el orgasmo es el objetivo del sexo. Es parte de lo que es, pero eso no es todo el entendimiento.

Nos han enseñado que el objetivo del juego sexual con otro ser es estimularse mutuamente con una intensidad creciente hasta el punto del orgasmo. El sexo convencional es así: juego previo, ella se viene, él se viene, se acabó. Para las parejas no heterosexuales, se requiere negociación, pero el plan sigue siendo el mismo. Esto es, por supuesto, mejor que el sexo antiguamente donde se ignoraba el placer de la mujer, pero este patrón que se supone debemos realizar se vuelve muy aburrido. Incluso nos han proporcionado gráficos de barras para mostrarnos cómo nuestra excitación debe subir, subir, subir y luego caer, como si esto fuera óptimo.

En este tipo de sexo, cada movimiento está orientado hacia el orgasmo final. Todo conduce a ello con esfuerzo y tensión. Cuanto más intenso sea, mejor. Se espera que las mujeres terminen siempre como lo hacen los hombres, y si no lo hacen, todos están de mal humor. La idea es que el orgasmo es algo porque luchar, que requiere esfuerzo y, a menudo, nos encontramos nuevamente desilusionados. Se convierte en un marcador de rendimiento de lo bueno que es el sexo.

Este estilo de sexo ha sido el modelo dominante desde la década de los 70, cuando Masters y Johnson lo definieron. Sí, siempre hubo gente que disfrutó de este tipo de sexo, pero no siempre se consideró el fin y el todo. Masters y Johnson comenzaron a estudiar la excitación en laboratorios, midiéndola, y así comenzó la codificación convencional de hacer el amor: que debería verse así, actuar así y tomar este camino particular hasta finiquitar.

No creo que el sexo de laboratorio sepa nada sobre la esencia del sexo, y esta investigación ha creado un completo malentendido de la sexualidad.

Algo más profundo ha estado ocurriendo desde el principio de los tiempos, lo que llamamos Tantra. Déjame compartir contigo como descubrí esto.

Poco después de llegar a la India, al ashram de Tantra donde iba a vivir durante un año, estaba recostada en mi cama relajándome. De repente mi respiración comenzó a hacerse más profunda y de forma circular desde mis fosas nasales hasta el coxis sin principio ni fin. Sin ninguna intención, una parte de mí se rindió y la respiración comenzó a suceder por sí sola. Las ondas orgásmicas se precipitaron a través de mi cuerpo — estremeciéndome, fue tan placentero.

Días después, fui a un evento llamado Energía Darshan. La música estaba sonando y todos bailábamos vigorosamente. De repente, sin esperarlo en lo absoluto, una energía subió por mi columna y mi vagina comenzó a contraerse. Me di cuenta, ¡Dios mío, estoy teniendo un orgasmo! ¿Cómo podría ser esto? Estaba teniendo un orgasmo energético solo por bailar, no por mi pareja o por tocarme a mí misma.

En el transcurso de ese año, hubo varios momentos en que los orgasmos inesperados me bendecirían. En Citas Tántricas, conté de un incidente en Burning Ghats cuando, de la nada, un orgasmo corrió por mi columna y sentí una alegría abrumadora. Me había subido a la ola del orgasmo.

El orgasmo es en realidad una frecuencia palpitante y estremecedora que siempre está sucediendo en el universo, zumbando y tarareando debajo de todo. Es un nivel de felicidad que nunca se detiene. Cuando nos involucramos en el sexo convencional luchamos para alcanzar el orgasmo y ¡puf! se ha ido, subimos y nos encontramos con esta frecuencia muy brevemente.

Cuando eliges no tener sexo convencional y en su lugar practicas Tantra, puedes aprender a subirte a la ola del orgasmo, y luego no se detiene, puede durar minutos, horas o días. Depende de tu nivel de desarrollo, de relajación y de tu capacidad para la dicha.

Es posible elevar tu propia frecuencia mediante la práctica de ejercicios Tántricos, ciertas formas de hacer el amor, formas particulares de respirar, y luego puedes navegar a lo largo de esta frecuencia vibratoria. Lo atrapas, lo montas, y sabes que si te sueltas, siempre puedes volver a subirte a la ola.

Esto es lo que es el orgasmo. Este conocimiento se te ha sido negado por personas que no tienen ni idea. Quiero que experimentes este nivel de orgasmo porque una vez que lo hagas, lo querrás en tu vida. No hay duda de eso.

Sexualidad sagrada

En el Tantra, el sexo es sagrado, como lo es el cuerpo. Esta es una actitud radicalmente diferente a aquella con la que crecimos la mayoría de nosotros. La mayoría de nosotros aprendimos que el sexo es sucio y que el placer es algo que debemos esconder. La cosmovisión convencional de los últimos dos mil años ha sido que el cuerpo es pecaminoso; así que el sexo y el placer también lo son. Hemos aprendido a vivir ignorando nuestros cuerpos, lo que anima a las personas a caminar como meras cabezas, mirando, pensando, analizando y juzgando, en lugar de sentir la sabiduría que el cuerpo puede aportar.

Una de las primeras tareas de Parejas Tántricas es hacerte amigo de tu cuerpo y el de tu(s) amante(s) y honrarlos como sagrados. Cuando lo haces, es posible contemplar con asombro su impresionante belleza, su capacidad aparentemente infinita para el placer y su sabiduría innata. Cuando consideras sagrado el sexo, comienzas a honrar a tu pareja, tu cuerpo y el de ellos, tus órganos sexuales, tu placer y el espacio en el que haces el amor como manifestaciones de lo divino.

Como práctica Tántrica, puedes recordar que estás encarnado, en cuerpo, que este momento es sagrado, que en este momento este hombre o mujer es mi amado y que estos sentimientos sexuales son sagrados. Puedes cultivar estas actitudes dentro de ti mismo y, a través de la práctica, volverte más abierto al amor y a la vida. Es una disciplina como cualquier otra, como aprender a jugar al tenis, al ajedrez o a hablar francés.

Osho dijo una vez que el mejor sexo lo tienen los meditadores. La meditación es una práctica de tocar lo sagrado en la vida diaria. Creo que lo que Osho quiso decir es que las personas tántricas practican la atención plena mientras tenemos relaciones sexuales. Conscientemente, nos quedamos en el momento presente, no intentamos llegar a algún lugar en el futuro. No estamos pensando en el almuerzo, ni en las noticias, ni en las tablas de multiplicar, que es lo que les enseñan a hacer a los hombres para que no se vengan tan rápido. (Gracias queridos por hacer eso, pero preferimos tener su presencia). No estamos tratando de llegar al orgasmo; estamos demasiado ocupados disfrutando del momento presente. Solo tocarse las manos con atención es hacer el amor.

Cuando estás completamente en tu cuerpo al tocar el cuerpo de otra persona, puedes notar cuando no estás presente o cuando estás distraído. Como práctica, recuérdate a ti mismo estar presente tanto como sea posible y llevar esto al lecho cuando haces el amor. Siempre volviendo al momento presente con plena conciencia, tal como lo hacemos en la meditación.

Al practicar sexo sagrado y consciente con tu amante, puedes compartir una experiencia de lo divino. Incluso puedes participar en lo que podría llamarse "sexo psicodélico". Todo depende de dejar al lado lo que la cultura convencional te ha enseñado sobre el sexo mecánico y sin amor. Hay abrir el corazón, con amor y prestar atención al hacer el amor, además de un sentido de adoración a tu amado como un dios o una diosa.

El sexo es una conversación

El sexo es un intercambio, una conversación sin palabras. Todo entre tú y tu pareja y todas las cosas que los envuelven están ahí en el dormitorio. Cada aspecto se comunica: el nivel de su compromiso, si son capaces o no de abrirse a la vulnerabilidad y la confianza, su capacidad de sostener o no la mirada del otro, o si pueden soltar y dejar que los cuerpos hagan el amor en lugar de las mentes. El sexo es una conversación entre amantes sobre lo que significan el uno para el otro. Cada toque, caricia, cada latido del corazón, cariño y suspiro transmite un mensaje.

Durante el sexo, también se comunican de manera no verbal sobre las dificultades en su relación. El aburrimiento, las mentiras, los secretos y las conversaciones que no se han atrevido a tener, aparecerán como "No estoy de humor" o haciendo el amor de una forma sin ganas.

A veces cuando hacer el amor te devuelve a ese estado de estar tan cerca, mirándose el uno al otro a los ojos, de forma íntima y segura, que trasciende esos problemas. A veces no.

Los hombres, al parecer, a menudo prefieren hablar a través del lenguaje del sexo en lugar de hablar. Los hombres expresan amor a través de su pene, lo cual es algo hermoso en los hombres. Nos han lavado el cerebro de que esto es algo terrible, que los hombres solo quieren "una cosa". Es bastante hermoso, de verdad, pero en una cultura negativa al sexo, no somos capaces de ver eso. Los hombres quieren expresar amor sexualmente. Están buscando compartirlo en la forma en que los hombres transmiten amor.

En una perspectiva tántrica el sexo y el amor pueden ser lo mismo. Pero debido a nuestra programación cultural, no somos capaces de ver que esta es la forma en que los hombres son impulsados al amor y a la conexión. Ni a los hombres ni a las mujeres se les ha enseñado esto. Los hombres quieren compartirse a sí mismos, quieren expresarse.

¿Qué pasaría si interpretáramos el deseo de los hombres por la conexión sexual como una necesidad de conectarse, en lugar de, oh, él solo quiere sexo? ¿Qué pasa si la conexión a través del sexo es hermosa en lugar de algo negativo? Un hombre que quiere tener sexo es a menudo una invitación a la intimidad y al amor.

Esto no quiere decir que si solo tienes sexo, se solucionarán todos tus problemas. A veces, cuando la conversación parece no ir a ninguna parte, puedes abrirte a la posibilidad de tener una hermosa conversación sobre tu relación mientras hacen el amor.

El sexo es un lenguaje que tenemos que no es verbal. Es una comunicación, una forma de expresar amor y resolver problemas. Es una forma de volver a conectarse sin tener que hacer toda esta psicologisación. La mayor parte del tiempo, es mucho más efectivo…

Sexo psicodélico

El sexo Tántrico es tan bueno como lo has escuchado. Sin embargo, tiene poca semejanza con el estilo convencional del sexo que consiste en esfuerzo, tensión, enfoque en la meta del orgasmo, explosión y liberación, y cuando termina, ambas partes están agotadas.

Si el sexo no tiene como objetivo el orgasmo, ¿qué tienes? Tienes el placer sensual de estar en este espacio exquisito con tu amante, el sentir de sus caricias, la respiración y movimiento, la conexión espiritual entre ustedes y la promesa de una creciente intimidad. Te das cuenta de que este momento presente es todo lo que hay. Tu pareja es tu amada, tu amor perfecto, tu alma gemela. El hecho de que estén juntos está generando más amor en el mundo, en lugar de que la energía se descargue en el acto sexual. Tienes la oportunidad de aprender a mantener un estado de placer y dicha por períodos de tiempo más largos, en lugar de terminar rápidamente porque tu sistema nervioso aún no ha aprendido a tolerar tanto placer y felicidad.

Los tántrikas (personas que practican el tantra) han hablado de estados alterados durante las horas de sexo similares a los que provocan las drogas psicodélicas. Hay informes de que el sexo es alucinante, que altera la realidad y cambia la vida. Las personas dicen que han sentido una sensación que lo abarca todo de que esta unión sexual proviene de una fuente divina, una percepción de fusionarse con su pareja. Algunas personas revelan que han alucinado dioses y diosas en el dormitorio, o energía y luz. Algunos han hablado sobre viajar en el tiempo o recordar vidas pasadas, una sensación de unión divina, experimentando éxtasis más poderosos que el orgasmo. El sexo tántrico y los psicodélicos tienen en común estar anclados en el momento presente, experimentando estados alterados de felicidad y la posibilidad de trascender y sanar.

Cuando haces el amor sin el objetivo del orgasmo, cada caricia en la piel es diferente, no tiene otra intención que la de disfrutar el momento. Pueden relajarse prolongando el placer de uno y del otro. Cuando tienes sexo convencional, por lo general habrás terminado en unos veinte minutos o menos. En el sexo tántrico, si queremos cultivar experiencias "psicodélicas" sin el uso de drogas psicodélicas, nos hemos fijado en los siguientes tiempos:

- Después de 45 minutos, la mente se silencia
- Después de 2 horas, aparecen ciertos fenómenos

- Después de 3 horas, un aumento de los fenómenos psicodélicos
- Después de una cierta cantidad de tiempo, los cuerpos comienzan a hacer el amor por sí mismos
- Es posible hacer el amor de 6 a 10 horas, todo un fin de semana

Greg y yo rara vez decidimos tener un orgasmo. En cambio, preferimos dar un paseo en las olas orgásmicas que nos llevan felizmente durante quién sabe cuánto tiempo.

Creando Magia

¿Sabes que eres tú, quién es responsable de crear la magia en tu relación, no tu pareja, Tinkerbell o la Diosa del amor? La buena noticia es que hay muchas formas de aumentar el cociente mágico y aumentar la probabilidad de vivir felices para siempre. Aquí hay algunas sugerencias tántricas:

- En primer lugar, elige una pareja en quien puedas confiar. Ya sea que hayan estado juntos durante muchos años o se acaben de conocer, deben compartir una profunda confianza para crear magia. Si hay conversaciones que necesitas tener para restablecer la confianza, prográmalas ahora. Si esto parece desalentador, contrata a un terapeuta matrimonial y de familia competente para que te ayude.

- Limpia tu relación. Cualquier cosa que aún te moleste del pasado con tu pareja, ya sea de esta mañana o de hace meses, debes aclararlo o evitará que suceda la magia y también aparecerá en la cama. Estas son conversaciones que se deben tener, y se deben seguir teniendo, para que su relación se mantenga libre de infelicidad y resentimientos no expresados. (Esto lo cubro en detalle en mi libro, Relaciones Tántricas.)

- Cultiva una actitud de gratitud y devoción hacia tu pareja. Agradece que elija estar contigo y exprésalo con frecuencia. Elige centrarte en lo bueno de tu pareja en lugar de, como la mayoría de las personas, en sus defectos.

- Aparta bastante tiempo. Una relación lleva tiempo: tiempo para pasar el rato, tiempo para planificar, tiempo para hacer el amor. Muchas personas hoy en día necesitan priorizar su relación y programar tiempo juntos y hacer citas.

- Crea un espacio sagrado. El dormitorio es un buen lugar para comenzar, ya que aquí es donde usualmente se hace el amor. ¿Tienes sábanas lindas y suaves al contacto con a la piel? ¿Almohadas ricas y cómodas? Arte en las paredes que refleje un ambiente cálido y sensual? Crea un dormitorio mágico desprovisto de todo lo que no sea lo que promueva el sueño o el acto sexual.

- Al acariciarse, enfoca tu sentir dentro de tu propio cuerpo, o donde tu pareja está tocando. Fíjate, como lo harías mientras meditas, cuando tu atención se va al pasado o el futuro, y tráela suavemente al momento presente con tu pareja. Esa atención plena aporta una magia suave para estar juntos y acariciarse.

- Crea listas de reproducción de música embriagadora para hacer el amor. Por lo general, se recomienda utilizar música sin letra o con letra en un idioma extranjero para no distraerse. Para el sexo tántrico, se prefiere la música que sea calmante y meditativa para mantenerse lento y relajado. La "música sexy" más convencional fomenta la tensión y la liberación. Experimenta y descubre que es lo mejor para ti.

- Mantente en el cuerpo, no en la cabeza. La magia ocurre cuando descendemos a nuestros cuerpos y dejamos atrás el pensamiento. La charla mental puede destruir fácilmente la conexión.

- Abandona la idea de los "juegos previos". En el tantra, renunciamos a la idea de que la forma en que nos damos placer a nosotros mismos antes del coito es de alguna manera menos importante. Encontramos todas las acciones de hacer el amor igualmente placenteras y sagradas, y es posible que ni siquiera hagamos estas cosas "antes". Los tántricos no sienten la necesidad de seguir la fórmula convencional del sexo.

- Disfruta del placer prolongado. Aumenta tu capacidad para disfrutar el dar y recibir caricias por sí mismas, y no como una vía para llegar a otra parte (al orgasmo). Esta habilidad es un músculo que se puede poner en forma, y la práctica es más divertida que el gimnasio.

- Déjate llevar con lo que surja. Aprende a relajarte y estar con lo que es, en lugar de lo que el sexo convencional dice que deberías estar haciendo.

- Elogios. Dile a tu pareja cuando se ve sexy, dile que te gusta, que te excita. Díselo con frecuencia, busca excusas para elogiarla. Nunca escuché a nadie decir: "¡Por favor! ¡Deja de decirme cosas lindas que te gustan de mí!"

- "Mi única intención es estar completamente presente". En lugar de estar orientado a un objetivo hacia algún tiempo en el futuro, o tratando de hacer que algo suceda, el tantra sugiere que solo tengamos la intención de estar completamente presentes en el aquí y ahora.

- Practica mirar fijamente a los ojos. Cuando miras profundamente a los ojos de otra persona, es imposible no enamorarse de ella. Quizá por eso tenemos miedo de hacerlo. Cuando estuve en la India en el Ashram de Tantra, hicimos ejercicios en los que nos miramos a los ojos durante veinte minutos y todos no podíamos dejar de llorar: nos enamoramos de todos en la habitación sin importar cómo se veían o quienes eran. Esta es quizás una pista sobre cómo crear más magia y amor en nuestras relaciones y en el mundo.

Construyendo y manteniendo el estatus de alma gemela

"Y ellos vivieron felices para siempre." Esa pequeña frase de nuestros cuentos de hadas favoritos, nos lleva a la decepción cuando nuestras relaciones no fluyen mágicamente sin esfuerzo de nuestra parte. No es exactamente así, ¿verdad? En cambio, cuando escuchamos que va a costar trabajo mantener nuestras relaciones, suena como qué va a ser difícil y complicado. Puede que así sea, si eso esperas, o puede ser divertido, sexy y encantador.

En primer lugar, se requiere mantener el estado de alta frecuencia en el que te encontrabas para poder atraer a la pareja ideal. Eso significa continuar ocupándote de tu salud física, tu vitalidad y tu estabilidad emocional, para que no pierdas el control sobre cada pequeña cosa. Significa permanecer interesado en la vida, en algo más grande que en ti mismo, como puede ser tu carrera o trabajo voluntario. Debes tener pasión por la vida para tener una relación apasionada.

En segundo lugar, se requiere usar y expandir tus habilidades de comunicación. Esto es tan esencial que el tercer libro de la serie, Relaciones Tántricas, lo profundiza, pero por ahora, digamos que cada pequeño desafío que se esconde debajo de la alfombra y no se discute aparecerá en el dormitorio como "no estoy de humor" o resentimiento contra tu pareja. Esto lleva a la sabiduría convencional de que es inevitable que el sexo disminuya después de los primeros dos años de estar juntos. Pero es posible que cultives una vida sexual realmente emocionante, y eso requiere de tu atención, ya que no sucede solo.

En tercer lugar, necesitas hacer tiempo. Nuestras vidas están muy ocupadas, y si no le das prioridad a las relaciones íntimas, no sucederán. Si prefieres ver Netflix por la noche porque es más fácil, en eso se convertirá tu relación. No es una mala elección si eso es lo que quieres. Pero si el deseo de tu corazón es tener una relación de alma gemela con una sexualidad íntima y en evolución, entonces necesitaras dedicarle tiempo.

Cuarto, es importante establecer metas para su relación. ¿Qué quieren hacer juntos? ¿Cuáles son sus prioridades? ¿Viajan o prefieren diseñar un oasis en el patio trasero? ¿Qué están haciendo como pareja?

Todos los años escribo mis metas personales y luego me reúno con Greg para hacer juntos metas para nuestra relación. El año pasado empezamos a hacer qigong y nos entrenamos para medio maratón. ¿Qué quieres hacer este año? ¿Hay algo que quieran estudiar juntos?

Entonces, nuevamente, existen dos aspectos para mantener su estado de alma gemela: su propio crecimiento personal y su crecimiento como pareja. ¿Qué estás haciendo para mantener tu mitad de la pareja? ¿Y qué están haciendo juntos para cultivar y hacer crecer eso? Es un proyecto, si quieres verlo de esa manera, un proyecto de crear la relación de alma gemela que siempre has soñado. Todos sueñan con eso, pero ¿adivina qué? Tú vas a hacer que suceda.

Una luna de miel perpetua

Considera por un momento las palabras "luna de miel". Descubrirás un lavado de cerebro sutil que dice que el comienzo de una relación es romántico y feliz, y el resto no lo es. El mensaje es que vas a tener mucho amor y atracción sexual por un corto tiempo, y después de eso, se estanca. El concepto "luna de miel" crea la expectativa de que inevitablemente las relaciones acaban yendo cuesta abajo.

Esta expectativa de declive puede que te recuerde que tus padres no tienen la relación de alma gemela con la que sueñas. Muchos de nosotros crecimos con personas que peleaban constantemente, algunos hasta al punto de dividir la familia al divorciarse. Otros padres apenas y hablaban el uno con el otro, aparentemente haciendo todo en piloto automático, lo que suele suceder cuando se quedan muchas cosas sin decir. Muchas personas nunca han sido testigos de relaciones jugosas, vivas y duraderas, por lo que no saben si es posible. Incluso he llegado a tener pacientes que me preguntan: "¿Existen parejas felices?"

Enfáticamente, sí. Vi la posibilidad por primera vez hace años cuando asistí a una fiesta en Beverly Glen, una area afluente en las colinas de Los Ángeles. Estaba emocionada cuando entré porque la reunión era para personas solteras que buscaban un crecimiento personal y espiritual. Como siempre en ese entonces, estaba buscando a mi verdadero amor y pensé que podría encontrarlo allí. En lugar de conocerlo esa noche, lo que experimenté me inspira hasta el día de hoy. Había una pareja mayor sentados y brillando con un resplandor sobrenatural, sorprendentemente sexy y atractivos. ¡Nunca había visto a dos personas tan vivas, enamoradas y llenas de energía! Era como si ellos estuvieran en primer plano y todos los demás, detrás del escenario.

En ese momento, yo aún creía en la discriminación por edad convencional de que las personas mayores no están interesadas en el sexo. Estos dos parecían estar en su luna de miel a pesar de que habían estado juntos durante varios años. Tenía que saber lo que ellos sabían y quería tener lo que tenían, así que subí y me presenté. Sabían los secretos con seguridad: eran tantrikas, personas que practican el tantra. Ver y estar cerca de su energía tan intensa fue parte de lo que me hizo emprender mi propio viaje de estudiar tantra y crear mi relación de alma gemela perfecta. Terminé viviendo en su casa y aprendiendo de ellos, pero eso es para otro libro.

Era alentador estar en su presencia. Eso es lo que puede hacer una relación de alma gemela: traer inspiración y más vitalidad a quienes los rodean. Al conocer a esta pareja de alta frecuencia, supe que el sexo y las relaciones podrían mejorar con la edad. Ahora, mi esposo y yo somos esa pareja.

Tienes el poder de crear tu relación para que sea una luna de miel duradera, o puedes deslizarte hacia las secuelas que siguen a la luna de miel convencional. Realmente depende de lo que tú y tu pareja quieran crear. Si quieres tener un viaje salvaje, sexual y romántico, puedes crearlo. Si no te importa que el romance y la sexualidad disminuyan con la edad y la longevidad, también puedes crear eso. Depende completamente de ti. No hay una cosa nebulosa llamada relación que esté fuera de tu control, que vaya a hacer lo que quiera. Todo depende de ti y tu pareja.

Por cierto, ¿cómo creaste tu luna de miel si tuviste una? O si no lo has hecho, ¿cómo te imaginas que lo harías?

- Pasar tiempo planeando actividades que los deleitarían a ambos.
- Asignar dinero y tiempo para hacerlo fabuloso.

- Tener tu mejor comportamiento: siendo amable, gracioso, lleno de elogios.

- Te enfocas en lo mejor de tu pareja — su cuerpo, su generosidad, su integridad — y dejas las críticas en la basura donde corresponde.

- Te esfuerzas por realizar pequeños gestos románticos.

- Haces el esfuerzo de lucir lo mejor posible.

- Dedicas tiempo y espacio exclusivos para ti, tu amante y tu vida amorosa.

Si decides que vas a crear una luna de miel perpetua, estas acciones pueden ser un buen lugar para comenzar.

Dedicados al crecimiento personal y espiritual

Ahora tienes todo lo que necesitas para crear y mantener una relación de almas gemelas usando la mentalidad y los métodos de *Parejas Tántricas*. La pregunta es, ¿lo harás? Debes vivir tu vida dedicada al crecimiento personal y espiritual y apoyar esto en tu pareja. Debes comprender que el crecimiento a veces es doloroso y que pasar por momentos difíciles suele ser una buena señal de que estás creciendo. Si te estás expandiendo cada vez más en los siete centros, si estás practicando ver lo divino en tu pareja, si estás emocionado por explorar nuevas formas de sexualidad, crearás tu Amado Perfecto y tu relación de alma gemela.

Algunos de ustedes han estado en el camino del crecimiento personal y espiritual durante años, mientras que otros apenas están empezando ahora y eso está bien. Vas a querer dedicarte a este crecimiento por el resto de tu vida. La oportunidad de aprender más nunca se detiene. Osho, el afamado maestro de Tantra, dice que tenemos hasta nuestro último aliento para seguir evolucionando.

En *Citas Tántricas* hablamos de que si eres soltero, querrás trabajar en ti mismo, tu salud física, tu estabilidad emocional, tu seguridad financiera, tu capacidad de juzgar, convertirte en una persona centrada en el corazón y que cultiva una actitud más espiritual hacia los demás. Deberás rechazar los métodos que enseña la cultura dominante para buscar pareja, abre tu corazón y empieza trabajando en ti mismo.

En *Relaciones Tántricas*, hablaremos más sobre cómo comunicarse en forma verbal y de forma no verbal para crear y mantener viva su relación de alma gemela. Como pareja, pueden elegir actividades para compartir juntos que promuevan el crecimiento personal y espiritual. Los dos pueden hacer caminatas juntos para perderse en el esplendor de la naturaleza. Es posible que deseen estudiar y aprender algún tipo de conocimiento juntos, tal vez tomar una clase o un taller de Tantra para aprender más sobre cómo relacionarse íntima y sexualmente.

Sé que, ya que mi pareja y yo estamos comprometidos con nuestros caminos de crecimiento personal y espiritual que nuestra relación solo puede mejorar con el tiempo. Hay una gran cantidad de lavado de cerebro social de que el sexo, el amor y el romance solo disminuye a medida que envejeces. Si ambos están dedicados al crecimiento personal y espiritual, solo pueden mejorar a medida que resuelven los problemas de la vida y crean su vida exactamente como la quieren. Eso es posible para ti y es tu futuro si así lo eliges.

EJERCICIOS DE PAREJAS TÁNTRICAS

EJERCICIO #1: Desafiando la mentalidad convencional

Para convertirse en un ser humano libre, es esencial examinar las creencias y expectativas convencionales y descartar aquellas que no se ajustan al mundo que deseas crear. Tómate un tiempo para analizar lo que se ha convertido en "verdades" y considera si deseas seguir creyéndolas o desecharlas. A continuación escribe tu preferencia. Se ofrece un ejemplo de una mentalidad alterna para la primera enseñanza convencional.

- Los jóvenes son más atractivos que los mayores.
    - » Ejemplo: El atractivo en realidad debe aumentar con la edad ya que la experiencia que se adquiere con la vida da sabiduría y autoestima.

- La definición de quién es "atractivo" se debe definir por la publicidad y las redes sociales.

- No tengo control de quién me atrae, está en mi ADN.

- Convencionalmente, las personas guapas son mejores candidatas para el amor.

- Los hombres quieren sexo; las mujeres quieren amor.

- La amistad significa la muerte de la atracción sexual.

- El matrimonio significa que el sexo va cuesta abajo.

- La gente pierde interés en el sexo a medida que envejecen, y cuando no es así, es de mal gusto.

- Una señal de verdadero amor es cuando tu pareja puede leer tu mente y cumplir tus deseos sin que tengas que hacer ni decir nada.

- Las almas gemelas suceden mágicamente: es una relación de almas gemelas o no lo es, y no hay nada que puedas hacer al respecto.

- Los hombres pierden la libertad en el matrimonio ("el encadenamiento").

- Una persona se convierte en el jefe de la relación. Si es la mujer, la masculinidad del hombre está en duda.

- Existe una guerra entre los sexos.

- Los roles sexuales tradicionales son la mejor forma para que las relaciones funcionen.

- Todos tienen un sexo increíble y sin problemas.

- No puedo encontrar un alma gemela porque soy demasiado… (bajo, gordo, viejo, pobre, inteligente…).

- Significa que los hombres no aman a sus parejas si no hacen cosas tradicionales como comprarles rosas.

- Las relaciones son difíciles.

- El amor sucede por arte de magia, y lo mejor que puedes hacer es esperar pasivamente su llegada.

- Es responsabilidad de mi pareja mantener el amor, el sexo y el romance en la relación.

EJERCICIO #2: ¿Eres material de alma gemela?

El siguiente es un cuestionario que desarrollé para una empresa de emparejamiento. ¿Cual seria tu puntuación? ¿Alguien está soñando contigo como su Amado Perfecto?

Físico

¿Sigues usando ropa de hace 5 o 10 años?

¿Usas ropa pasada de moda?

¿Tienes un corte de pelo actualizado?

¿Eres sexy?

¿Tienes algún tipo de rutina de ejercicios?

Emocional

¿Tienes problemas de tu infancia que aún no has resuelto?

¿Estás aferrado a un amor del pasado? ¿Sigues enamorado de alguien?

¿Sientes que está bien descargar tus frustraciones con otras personas?

Financiero

¿Eres financieramente estable?

¿Estas consciente de que al casarte tu pareja será también responsable de tu deuda?

¿Tienes integridad financiera?

Mental

¿Te mantienes al tanto de los acontecimientos actuales, culturales y políticos, al menos lo suficiente como para conversar?

¿Has leído un libro en el último año? ¿En el último mes?

Social

¿Tienes suficientes amigos?

¿Eres universalmente social?

¿Tienes una vida interesante que a alguien le gustaría compartir? ¿O eres un tele-adicto?

Hogar

¿El amante de tus sueños se sentiría cómodo en tu casa?

¿Tu dormitorio es sexy?

¿Cuándo fue la última vez que compraste sábanas nuevas? ¿Una colcha nueva?

Espiritual

¿Cuándo fue la última vez que te asombró la belleza del universo?

¿Has solucionado alguna adicción que puedas tener?

¿Haces alguna contribución económica a causas que te inspiran?

¿Contribuyes a alguna obra de caridad?

EJERCICIO #3: Lo primero que puedes hacer para mejorar tus relaciones

Sentirse poco apreciado es una de las principales razones que da la gente para dejar sus trabajos y relaciones. Por eso es tan refrescante escuchar lo que alguien más aprecia de nosotros. Qué lindo es pensar en un oasis donde se fijan en lo que hacemos bien.

Lo primero que puedes hacer hoy para mejorar tus relaciones es decirle a esa persona lo que aprecias de ella. No solo un cumplido como, "Que bien te ves", aunque en ciertas circunstancias, eso siempre cae bien. El truco es usar la palabra "apreciar" porque eso es lo que la gente anhela, ser apreciada. De hecho, es mejor si notas un detalle pequeño porque es inesperado y la persona siente que la estás notando y aprobando.

Ejemplos simples podrían ser: "Agradezco que hayas llevado a nuestro hijo al juego de pelota". "Aprecio que te tomes tiempo para ti, lo que me permite hacer lo mismo". "Agradezco que saques la basura antes de que te lo pida".

Mark y Diane me estaban viendo para recibir consejería matrimonial porque peleaban y se criticaban amargamente. Le pedí a Mark que cambiara de tema y le dijera a su esposa algo que apreciaba de ella. Diane esperó nerviosamente mientras Mark se esforzaba por identificar algo, ya que esta era una nueva forma de pensar para él. Cuando finalmente dijo: "Me agrada que te vistas tan bien para el trabajo", ella esbozó una gran sonrisa que parecía como si le hubiera dado una docena de rosas. Ni siquiera sabía que Mark prestaba atención.

Date una oportunidad. dile algo pequeño a tu pareja que realmente aprecies de él/ella. Llama a tu madre y dile cuanto la aprecias. Hazle saber a tu empleado que aprecias que siempre llegue a tiempo. Todos pueden usar una dosis. Dale a alguien el regalo de la apreciación hoy y observa cómo florecen tus relaciones.

EJERCICIO #4: Eleva tu frecuencia trabajando en tus centros

Has aprendido que los centros de las almas gemelas están alineados y que la calidad de tu relación depende del trabajo que hagas por tu cuenta. Ahora es tu oportunidad de crear tu plan de acción y elevar tu frecuencia al nivel de la relación que estás buscando. En las páginas 38 a 40, encierra en un círculo las acciones que necesitan atención, agrega tus propias ideas y crea e implementa tu plan. Asegúrate de divertirte: el crecimiento es un viaje de toda la vida para disfrutar.

Mi plan de acción:

Primer Centro (Seguridad, Cuerpo Físico)

Segundo Centro (Sexo y Emociones)

Tercer Centro (Poder)

Cuarto Centro (Corazón)

Quinto Centro (Hablando con la verdad)

EJERCICIO #5: Meditación del Corazón de Atisha

"Te sorprenderás si haces [esta meditación]. En el momento en que tomas todos los sufrimientos del mundo dentro de ti, dejan de ser sufrimientos. El corazón transforma inmediatamente la energía. El corazón es una fuerza transformadora: bebe la miseria, y se transforma en dicha".

– Osho, *El Libro de la Sabiduría*

Trayendo tu conciencia a tu cuerpo y respiración, siente estar aquí y ahora. Luego enfócate en el chakra del corazón, el centro de energía en medio del pecho. Si te ayuda, coloca una o ambas manos sobre tu corazón. Absorbe cada inhalación en el corazón, vierte cada exhalación desde el corazón.

Empieza con tu propia miseria, siéntela con la mayor intensidad posible: el dolor, las heridas y el sufrimiento en toda tu vida. Acéptalo, acógelo y dale la bienvenida. Respira tu propia miseria... absórbela en el corazón. Que allí se transforme en alegría, en esperanza y dicha. Exhala toda la alegría, la dicha, y viértete a la existencia.

Ahora expande este proceso. Toma toda la miseria de todos los seres del mundo incondicionalmente, amigos, enemigos, familia, extraños. Acéptalo y dale la bienvenida. Respira toda la miseria y... absórbelo en el corazón. Que se transforme allí en alegría, en dicha y esperanza. Exhala toda la alegría, la dicha, viértete a la existencia.

Ahora retira completamente tu atención del mundo, de los demás, incluso de ti mismo. Disfruta estar quieto y en silencio.

EJERCICIO #6: La ruta más rápida hacia el sexo tántrico

Tantra se trata de hacer del amor un arte. Si te consideraras un artista del amor, ¿qué crearías? Si estuvieras pintando un cuadro de la tarde más jugosa, deliciosa y perfecta con tu amado, componiendo una canción o esculpiendo una obra maestra, ¿cómo lo honrarías?

Los amantes del Tantra se toman su tiempo. No tienen prisa. Tantra tiene todo que ver con saborear el momento y concientizar cada detalle. Notando lo que nunca antes habías notado. ¿Alguna vez pensaste que la parte interna del codo podría ser una zona erógena? ¿Que puedes excitar a tu pareja haciéndole cosquillas en la parte baja de la espalda?

La ruta más rápida hacia el sexo tántrico es reducir la velocidad, muuuucho más. Haz todo lo que haces normalmente, pero dos o incluso tres veces más lento de lo habitual. Concentrate primero en todo menos en los genitales, lento, despacio, uhmmm... dolorosamente, agonizantemente lento.

Tan pausadamente como nunca has tocado a alguien, acaricia la parte interna de su muslo con el movimiento más lánguido posible. Roza sus pezones con la palma de la mano con un toque tan ligero como una pluma de pavo real. Tu mano se desliza por su costado tan lentamente que su movimiento sería imperceptible para un observador, como si ni siquiera te estuvieras moviendo. Cuando te tomas todo el tiempo que siempre quisiste para besar, lamer, y saborear, el sabor de los labios de tu amado es divino. Complácelo con la lenta tortura del agua china de tus caricias.

Piensa en el agradecimiento que sientes por este momento, por tu amado, por poder expresar tu celebración a través de tus manos. Cada momento es precioso y sagrado si solo prestas atención. Sé meditativo, íntimo; prolongando el acto de amor.

Sting dijo una vez a los periodistas que él y su esposa, Trudie, practicaban sexo tántrico hasta por cuatro horas seguidas. Después explicó que este período de tiempo incluía su coqueteo, cenar, desvestirse y jugar sexualmente, todo como parte del acto sexual tántrico. En el tantra, estas actividades no se ven como "juegos previos", sino más bien como oportunidades para tomar conciencia y el placer sexual; no son menos que el mismo coito.

Incluso si crees que estás aburrido con esta pareja, con su cuerpo, acércate a ella como si nunca antes hubieras estado con ella. Observa con tu conciencia cuánto puedes aprender acerca de complacer a un cuerpo que creías conocer. Disfruta de tu amante respondiendo de formas que nunca antes habías experimentado. ¿Cómo podría alguien no estar de humor si cada vez fuera exquisitamente diferente, una conciencia totalmente resplandeciente? En el acto sexual tántrico, la ruta más rápida es la más lenta.

Reconocimientos

Gracias a mis lectores: Sandra Sloss Giedeman, Margaret Drewry Walsh, Lilly Penhall y Kimberly Grace.

Gracias a mi sueño hecho realidad, mi esposo, Greg Lawrence.

Gracias por todas las angustias y corazones rotos, los errores y los pasos en falso, las fantasías rotas y los sueños quebrantados que fueron necesarios en el camino. Todos valieron la pena para llegar AQUÍ.

Sobre la autora

Catherine Auman, LMFT (Terapeuta Matrimonial y de Familia Licenciada) es psicoterapeuta espiritual y directora de The Transpersonal Center. Tiene una formación avanzada en psicología tradicional, así como en las tradiciones de sabiduría. Catherine vivió durante un año en el ashram de Osho en la India —una inmersión a tiempo completo en Tantra y meditación— y ha estudiado y practicado Tantra, amor, sexo, intimidad y seducción con numerosos maestros.

Vive en Los Ángeles con su esposo, Greg Lawrence, con quien enseña Tantra y cómo mejorar las relaciones.

Conéctate con Catherine Auman

Sitios web:	catherineauman.com
	thetranspersonalcenter.com
Facebook:	catherineauman.author
Instagram:	@catherineauman
YouTube:	catherineauman
Eventbrite:	thetranspersonalcenter
Email:	info@catherineauman.com

Crea y atrae el sexo, amor y romance de tus sueños con *La serie maestra de Tantra*

Imagínate en una relación de alma gemela perfecta llena de sexo, amor y romance.
Ábrete al amor y la conciencia.

Estos tres hermosos libros enseñan cómo lograrlo.

- *Citas Tántricas*
- *Parejas Tántricas*
- *Relaciones Tántricas*

Cómpralos ahora en linea o en tu librería favorita

Impreso, Electrónico, o Audiolibro

Obras de Catherine Auman

Libros

La serie maestra de Tantra

> *Relaciones Tántricas: consejos para relacionarse y encontrar y mantener el sexo, amor y romance*
>
> *Unión Tántrica: utilizando los secretos tántricos para crear una relación llena de sexo, amor y romance*
>
> *Citas Tántricas: trayendo amor y conciencia al proceso de las citas*

Citas conscientes: Trayendo amor y bondad al proceso de las citas

Guía de L.A. espiritual: lo irreverente, lo elevado y lo verdadero

Camino corto a la consciencia: 100 maneras de crecer personal y espiritualmente

Llena tu práctica administrando atención

Talleres

Tantra: La ciencia de crear tu alma gemela:

Tantra: Las bases del tacto consciente

Secretos Tántricos acerca de la mujer

Secretos Tántricos acerca del hombre

Tantra y los psicodélicos del sexo

MDMA y Terapia de parejas

Grabaciones Audio

Inducción al sentir Tántrico

Profunda relajación

Respiración consiente

www.ingramcontent.com/pod-product-compliance
Lightning Source LLC
Chambersburg PA
CBHW070120080526
44586CB00013B/1343